todo o resto é muito cedo

TODO O RESTO É MUITO CEDO

Luiza Mussnich

@Luiza Mussnich, 2024
@Bazar do Tempo, 2024

Todos os direitos reservados e protegidos pela lei nº 9610, de 12.2.1998.
Proibida a reprodução total ou parcial sem a expressa anuência da editora.

Este livro foi revisado de acordo com o Novo Acordo Ortográfico da Língua
Portuguesa de 1990, em vigor no Brasil desde 2009.

Editora Ana Cecilia Impellizieri Martins
Coordenação editorial Joice Nunes
Assistente editorial Bruna Ponte
Revisão Carolina Machado
Capa e projeto gráfico Violaine Cadinot
Imagem de capa Alex Selkowitz. "A Distance Between", 2015.

CIP-Brasil. Catalogação na Publicação
Sindicato Nacional dos Editores de Livros, RJ

M979t
Mussnich, Luiza
Todo o resto é muito cedo / Luiza Mussnich. - 1. ed. - Rio de Janeiro : Bazar do Tempo, 2024.
ISBN 978-65-85984-14-0
1. Poesia brasileira. I. Título.
24-93097
CDD: 869.1
CDU: 82-1(81)

Gabriela Faray Ferreira Lopes - Bibliotecária - CRB-7/6643

1ª reimpressão, abril 2025

BAZAR DO TEMPO
Produções e Empreendimentos Culturais Ltda.

Rua General Dionísio, 53 - Humaitá
22271-050 Rio de Janeiro - RJ
contato@bazardotempo.com.br
www.bazardotempo.com.br

Time exists in order that it doesn't happen all at once.
Space exists so that it doesn't all happen to you.
Susan Sontag

O presente do terremoto é perder o medo das ruínas.
Adelaide Ivánova

SUMÁRIO

rubrica	13
cena	14
racy	15
mili-helena	16
origem da representação	17
carótidas	18
matagais	20
igualdade	21
receituário	22
paixão	23
já tentou brincar	24
turismo	25
accident	27
loteria	28
trinta e nove e meio	29
obviedade	30
metalinguagem	31
qual o nome da unidade de medida	33
sinais	34
talvez fosse mais fácil amar	35
não gosto de receber flores	36
duas pessoas	37
a distância entre espaços dói menos que a distância	38
gostar das coisas porque	39
o que realmente importa do passado se divide	40
não acredito que seja o amor, edward	41
imperfeito	43
você também passa noites sem dormir	44

unready-mades	45
o impossível	47
desinventar a paisagem	49
doença	51
apesar da luz algo	52
os resquícios no corpo	53
depois de Platão	54
se você não acredita	55
gravata	56
apocalipse	57
crime	58
riscos	59
fundos, terceiro andar, prédio da esquina	60
anarquia	61
protocolo do fim	62
vou usar aquele seu olhar	63
inventário	64
uma caçamba quase cheia	65
fins	66
escrevo este poema no centésimo sexto dia sem te ver	67
pupilas	69
como escrever qualquer coisa agora	71
cataratas	74
encore à cet astre	75
o passado é uma terra estrangeira	76
como se reage àqueles momentos sublimes	77

POSFÁCIO 81

Rubricar a vida que pulsa
Prisca Agustoni

rubrica

escrever
escrever uma cena
escrever uma cena em que um homem
escrever uma cena em que uma mulher
escrever uma cena em que um homem e uma mulher
escrever uma cena em que um homem e uma mulher
se desejam
escrever uma cena em que um homem e uma mulher
se desejam mas
escrever uma cena em que um homem e uma mulher
se desejam mas nada
escrever uma cena em que um homem e uma mulher
se desejam mas nada acontece
escrever uma cena em que um homem e uma mulher
se desejam mas nada acontece entre eles
escrever uma cena em que um homem e uma mulher
se desejam mas nada vai acontecer entre eles
escrever uma cena em que um homem e uma mulher
se desejam mas nada pode acontecer entre eles
escrever uma cena em que um homem e uma mulher
se desejam mas nada deveria acontecer entre eles
escrever uma cena em que um homem e uma mulher
se desejam mas algo acaba acontecendo entre eles
escrever uma cena em que um homem e uma mulher
se desejam mas muito acaba acontecendo entre eles
escrever uma cena em que um homem e uma mulher
se desejam e tudo acontece entre eles

cena

depois de Amós Oz

escrever uma cena em que um homem e uma mulher
se desejam mas nada acontece
entre eles é muito mais
difícil do que descrever
uma cena em que um homem e uma mulher
se desejam
e tudo acontece entre eles

racy

se o coração funcionasse
como se estivesse em constante
estado de paixão
arrebentaria as costelas

como uma tartaruga que precisa
se expandir
porque precisa ir
mesmo que devagarzinho
mas paixão

paixão é precisar ir muito
muito rápido
pra dentro de alguém
com casco e tudo
arrebentando
o que vir
o que vier pela frente

mili-helena

a quantidade de beleza necessária para mandar um
navio à guerra

origem da representação

um homem prestes a partir
para a guerra para
diante da parede branca
a mulher repara
na sombra que se forma às suas costas
contorno exato
o ombro contraído
a mandíbula rígida
as veias escalando o pescoço
os lábios receosos de palavras

ela se põe a contorná-lo
caso a batalha seja incontornável

carótidas

o amor fica suspenso
em tempos de guerra
não há cabeça para nada daquilo
em que geralmente se pensa
nos tempos de paz

em tempos como esse
pensamos em não morrer
em não deixar morrerem
as mulheres as crianças
de todos os navios
que não deveriam estar afundando

em tempos de guerra os amores
param o tempo
param no tempo
o amor segundo
plano para depois

as urgências demandam todo o aqui que somos capazes
de sustentar sobre os ombros
os colos das mulheres estão cheios de mortos
as gargantas das mulheres verdadeiros calabouços

palavras começam uma guerra
palavras terminam uma guerra

o amor perde sentido na guerra
o amor é o contrário da guerra
o amor não vence a guerra
porque os homens amam mais
a guerra do que suas mulheres

em tempos de guerra ainda assim
penso em você
minha batalha perdida
baixo as guardas
os ossos doem
você vem pelos flancos
invade minhas trincheiras
imovél, derrubo a arma
não basta que eu decida capitular
te ofereço o pescoço
você pensa nas minhas carótidas

mas o que você conhece da guerra?
o que você conhece do amor?
não importa agora
derrotas em tempos de paz
são muito piores

matagais

do Pacífico ela diz que é verdade
estamos em guerra os países
não podem enterrar seus mortos
que se empilham
feito roupas sujas
na Ucrânia em Gaza no Alemão
os varais estão vazios
roupas cheias de sangue
matagais brotando nos quintais

estou muito cansada para o perigo
muito jovem para a morte
e você talvez preferisse que eu falasse de outra coisa
linhas mais alegres
você preferiria que eu falasse sobre amor, talvez

talvez o amor
esse adiamento contínuo
tartaruga sem destino
rastejando pelo jardim desabitado

igualdade

meia
nove

receituário

em resposta a Chico Alvim

diferente
do que se faz com um resfriado
pondo um casaquinho na bolsa
meias pra dormir
não se prevenir
da paixão

por mais que depois
a gente fique tremendo
a gente fique temendo
a gente fique de ressaca
a gente fique doído
doido atrás de um remedinho

paixão

um alvo do qual procuramos desviar
mas que atingimos sem querer apesar
da falta de pontaria
aperto o gatilho
quem cai
sou eu

já tentou brincar
de jogo do sério
apaixonado?

turismo

quando alguém diz
que conheceu uma cidade
porque por lá passou
três quatro dias
visitou a igreja tal
o castelo medieval
tomou um sorvete em frente ao monumento
de um cavaleiro empunhando uma espada
se debruçou no parapeito daquela sacada
com vista para o rio
provou a comida típica
o chope com muita espuma
para conhecer uma cidade
para conhecer alguém
é preciso mais
do que três quatro dias
por mais que sejam dias longos e bonitos
que escureça tarde
quando alguém diz
que conheceu uma cidade
numa viagem turística
tenho vontade de dizer
que quando vou a uma nova cidade
tenho sempre a sensação
de não a conhecer
como você e eu
turistas um do outro

que temos apenas
nos visitado
mas com a assiduidade
com que visitamos alguém
gravemente doente
o cenário é quase o mesmo:
nós ali febris
tentando não padecer

accident

to Iris Murdoch

notes about that evening:
restaurant was a disaster
can't remember what we ate
wine was tasteless
St. Anthony's dance
we didn't dance much
fell down the steps
and seem to have fallen
in love with —

loteria

vocês se conhecem sem saber
se aquilo vai durar
um flerte no bar
romance epistolar
uma embriaguez
as horas daquela noite num motel ao lado
alguns minutos num lavabo
tempo de a neve parar de cair
trinta meses, o quanto duram as paixões
dá pra embaçar um carro
tempo suficiente para passar a madrugada ajudando o
outro a expelir catarro
tempo que os tempos não comportam
um namoro em que se conheçam as famílias
um carnaval
duas filhas
uma viagem de cinco dias
alguns poemas
um casamento
uma testamento
três cachorros
um bonsai
uma música
uma biblioteca compartilhada
uma tartaruga
uma vida inteira
a vida inteira tentando esquecer

trinta e nove e meio

a verdadeira função do amor deve ser
ampliar o tamanho do mundo
não espremer o coração contra a costela feito um pé
que cisma em caber no sapato vermelho dois números
menor da liquidação

obviedade

o coração das mulheres bater mais rápido

metalinguagem

depois de Agnès Varda

são dois adolescentes
que ainda não deram o primeiro beijo
e por ora estudam
seus menores movimentos nas poltronas
as angulações do assento

cruzam e descruzam as pernas
calculam ante qual distância
os joelhos não tocam o encosto da frente
quase medem a quantidade de ar que sai
junto às palavras que murmuram
em desculpa para aproximar os lábios

apoiam os cotovelos no descanso de braço
quase um choque
quando as peles se encostam
o queixo na mão
como se toda aquela atenção
tensão
fosse apenas para a projeção
(no nervosismo, tantas rimas pobres em ão)
mas enquanto miram a tela
a visão periférica procura a silhueta ao lado
um perfil ainda não fixado
na memória
sincronizam o riso
e há tanto de um no outro

que caberiam num só corpo
alguém poderia rodar esse curta-metragem
os dois no cinema
porque adoram metalinguagens
(e meter as línguas nas bocas)

imagina se esse filme existisse
imagina se esse filme não acabasse

então os dedos tocam devagar o rosto
passeiam pela curva da mandíbula
parece que os movimentos desprogramam
a capacidade de raciocinar

parece que é 1969
e o homem acaba
de fincar o pé na lua

qual o nome da unidade de medida
que calcula a distância
entre a clavícula e a mandíbula
de uma pessoa?

por gambiarra
estimam-na em beijos
como antes se usava o palmo o passo

deveriam parar de querer
calcular tudo

sinais

o nervosismo mastiga as unhas
o frio eriça os pelos do braço
a vergonha tem bochechas vermelhas
o tesão faz despencar cataratas, ergue monumentos
a fome devora o bom humor
a tristeza mingua
o prazer aperta os olhos
a sedução mordisca os lábios
a felicidade inventa dentes pelo rosto
a ansiedade umedece as mãos
o sono escancara a boca
a raiva dói nos nós dos dedos

talvez fosse mais fácil amar
com a passividade que temos
diante das coisas mágicas:

o arco-íris, a luz elétrica, o traçado da gota na vidraça, o
meteoro,
o som do violão, uma batata gratinando no forno, o cair
do sol,
o respiro de um pulmão, o útero programando a
personalidade num bebê

dispositivos que funcionam
por mistério

não gosto de receber flores

mas a sua rosa
a sua eu guardaria
dentro de um livro bem pesado
quiçá numa biografia já esquecida
até sua rosa virar quase
um fóssil
que o arqueólogo talvez identificasse
como um amor
que acabou

depois de Ana Martins Marques

duas pessoas
arrumando os mesmos livros
em estantes em instantes
diferentes
formam um par?

a distância entre espaços dói menos que a distância
entre tempos

gostar das coisas porque:
correspondem às nossas expectativas
quebram nossas expectativas

o que realmente importa do passado se divide
em duas categorias:
coisas que gostaríamos de lembrar
coisas que não pudemos esquecer

não acredito que seja o amor, edward

love is the voice under all silences
e. e. cummings

a fotografia insiste que nada disso aconteceu
porque afinal não se pode repetir uma emoção
ou lembrança:
a sua não é a mesma da minha

quantos ossos você acha que cabem no meu corpo?
não se preocupe porque um dia
as larvas comerão tudo
até mesmo estas palavras

a vela não clareia, apenas escancara o breu
os signos que nos orientam no mundo estão
desaparecendo, você não notou?

há uma voz por debaixo de todos os silêncios
mas não acredito que seja o amor, edward,
talvez o cabo de aço do elevador, as formigas pelo
tapete, os cacos de vidro na mesa de cabeceira

achamos que nada daquilo poderia dar errado —
algumas coisas começam pelo meio
e por isso nunca podem ter início
ou fim

aliás, é impossível terminar realmente alguma coisa,
Alberto sempre soube

agora você aguarda
sem saber o que fazer com as mãos
tão versáteis que poderiam
aplaudir, apertar um botão, um gatilho, acender um
cigarro, afastar o cabelo da nuca, telefonar, fechar a
porta, segurar a porta ou uma mulher pelos flancos,
colocar o disco no vinil, manusear a faca, escrever um
bilhete anônimo, lavarem-se, impedir que eu parta

mas estão ali, inertes, tergiversando
à espera do próximo espanto
essa misteriosa mobilidade de um coração

imperfeito

para Victor Heringer

poucas coisas doem tanto
como precisar do pretérito imperfeito
para se referir a alguém
que gostaríamos que fosse
sempre presente

você também passa noites sem dormir
imaginando como
seres de outro planeta
demonstram amor

se é que haverá
uma loucura como essa
por aquelas bandas

unready-mades

I.
embora compostas por materiais mais duráveis
que o corpo as máquinas
envelhecem mais rápido do que nós
os mesmos em longa vida
provisória

enquanto se aperfeiçoam o corpo continua
urinol úmido
acumulando sedimentos
sentimentos

II.
de repente uma paisagem uma vitrine ou seria uma
mulher de pernas abertas
pequenas engrenagens aprisionadas em vidro
um grande vidro
as máquinas com todo seu anonimato
talvez gostassem de ser intuitivas
guardar um segredo sentir frio soltar os cabelos ter a
roupa arrancada

poucos gestos algumas luzes um grande silêncio
começar isso que poderia ser qualquer outra coisa
que ainda não termina
não pôde começar

um labirinto não deixa de ser um monumento
a rua é tão estreita
não passam nem
as cadelas no cio

o impossível

e o que aconteceria se suas máquinas encontrassem
minhas criaturas cheias de garras alguma delas teria
medo

suas extremidades sustentariam meus fios
transparentes no contraluz
destruindo qualquer tentativa
por se moverem rápido demais

são bichos indóceis num zoológico dizimado
tentando derrubar grades

as teteias do outro lado da sala
flertam com objetos aliviados de seus pesos
possibilidade genuína de ilusão

como você chegou à Escandinávia numa segunda
assim?

parimos monstros mas isso está longe
de ser o mais monstruoso
eles titubeiam entre a vida
prática quando ninguém olha ao redor
e a esterilidade das salas gélidas

através de um grande vidro enxerga-se
que nem tudo é possível

em qualquer época estávamos
tão preocupados
que

desinventar a paisagem

> *O corpo do homem é sempre a metade possível*
> *de um atlas universal.*
> Michel Foucault

se as máquinas escolhessem por conta própria
acumulariam nosso tipo de memória fatal?
bocas abertas não sabem
se berram ou cantam
mesmo com todas aquelas brocas engrenagens e os
parafusos
em perfeito encaixe de que adianta

ligar a virilha ao joelho
ser o mais comprido do corpo
se não ensinaram o músculo sartório
a contrair quando ama
pareceria forçado revelar qual é
o músculo mais forte

talvez as máquinas também
encontrem força em outros mecanismos
desconhecidos as máquinas
provocam medo e admiração
mistério que se embrenha nos cabelos longos demais

Marcel usou menos autômatos que gostaria
talvez fosse mais interessante jogar xadrez contra si mesmo

inventar uma paisagem que não existe
Maria, contudo, tinha garras que preferia não usar
muito ocupada com seus mitos e ritos à francesa

muito se fala sobre vigor e força
dos corpos das máquinas
mas eu gastaria um poema inteiro
para pensar como
demonstram impotência as máquinas
imitando nossas formas, gestos, vozes, idiomas,
linguagens
mesmo que seus fios pareçam veias:
não transportam sangue algum

doença

contraiu matrimônio

depois de fotografia de Vicente de Mello

apesar da luz algo
ainda não aparece algo
ainda parece se mover pela sombra
pela sobra do contorno de um corpo
e que agora
é somente dobra de lençol esfriado

dobras que poderiam ser contadas
como os círculos que se formam ao redor da pedra
lançada no lago
para denotar o tempo ou a distância
para detonar a ausência
mas o movimento inerte

o que será que faz convulsionar
a memória?

é apenas uma lembrança
se debatendo um peixe
que parece uma flor murcha e já
quase não existe
brocha sobre um piso de grama sintética
os olhos ainda sentem
a quentura e o cheiro invisível da pele deslizante

os resquícios no corpo
demoram mais a se desintegrar
que uma garrafa plástica boiando no mar

depois de Platão

se olhar com calma
dá pra se apaixonar
todo dia
por alguém

se você não acredita em reencarnação
o jeito é tentar o mundo todo

gravata   *para meu pai*

imagina sair pra trabalhar
todo dia
com um nó na garganta?

apocalipse

se o mundo acabar amanhã
sobram baratas
assentos do meio
jujubas laranjas
tesão
poemas
pizzas de aliche
pelúcias na maquininha do parque
culpa
tamanhos pp
carros brancos
chupetas perdidas
sonhos incompreendidos
milhares de galáxias intactas
o amor

crime

sonegar lembranças

riscos

dizem que é sempre nos olhos
que as pessoas são mais tristes
mais do que no vale formado entre as clavículas, no
dorso das mãos, no ombro esquerdo, atrás dos joelhos,
no lábio inferior, na mecha de cabelo que recai sobre o
rosto

o tempo sempre aumenta
as fissuras?

que tipo de informação seria possível obter
se eu contasse os riscos
dos seus olhos lilases
como se faz com o tronco de uma árvore derrubada?
eu poderia chegar ao cerne? descobrir aquilo que você
ama? o que faz lacrimejar?
não é somente sua íris rajada que se locomove depressa
tentando escapar da escuridão
há ainda fantasmas dançando nas sombras rachadas
destas paredes

fundos, terceiro andar, prédio da esquina

como se olhassem para um enorme Pollock
há duas pessoas de pé
na sala mal-iluminada por um abajur
estão paradas
uma diante da outra

o anarquismo das gotas de tinta, as linhas irregulares
me fariam pensar em você
de bruços, sem camisa,
na madrugada em que ativei constelações
com as pontas dos dedos
nas pintas das suas costas o céu inteiro
que não canso de admirar
até que um meteoro passa
muito, muito rápido
sem você perceber

anarquia

memória

protocolo do fim

e se precisar urgentemente
ouvir a voz do outro?

vou usar aquele seu olhar num filme
você me disse depois
do último desencontro
lembra?
abrir a porta e notar você ali
cheio de gente ao redor
não sei quais músculos do meu rosto
contraíram a cor
que meus olhos ganharam
se, depois do susto, a boca sorriu por um segundo, mas
não o bastante
para mostrar os caninos, apenas o suficiente
para que eu fosse cúmplice
de que maneira meu corpo se moveu
lutando para seguir
contra a sua direção
aquele olhar
que eu não saberia replicar
como você descreveria na rubrica
era o que eu gostaria de saber
se alguma pergunta ainda
fosse possível

inventário

duzentos e setenta e nove momentos de admiração
mil e cinquenta e cinco dias acordando juntos
trinta e três ataques de ciúme
novecentos e trinta e seis te amo
mil setecentos e dezoito briguinhas
cinquenta e três brigas
doze brigas feias
nenhum pneu furado
sete nudes
trinta e sete gozos sincronizados
dezoito descuidos
três brochadas
uma fugidinha no Yom Kippur
sete puns sonoros
trezentos e noventa e oito pedidos para abaixar a tampa
do vaso
vinte e três viagens de avião (uma com vômito, duas
com Rivotril)
um atum esquecido no forno
o aniversário do avô esquecido porque beberam demais
um aniversário de namoro esquecido
quatro orgasmos fingidos
dez trepadas sem vontade
duas traições
dezenove perguntas não feitas
três vontades de ir embora
sete malas, algumas sacolas, doze caixas de papelão

uma caçamba quase cheia
órfãs declarações de amor

fins

fechar portas é diferente
de fechar parênteses

(o livro sempre
podemos reler)

You cannot save people, you can only love them.

Anaïs Nin

escrevo este poema no centésimo sexto dia sem te ver
começo a esquecer sua voz
a memória precisaria de fotografias
para recriar sua imagem
você já prestou atenção
que lembrar é de certa forma aproximar
do esquecimento?
lembrar é tornar algo cada vez mais
distante do real

depois de vividas
as lembranças vão para o lóbulo pré-frontal
depois para o hipocampo
uma área mais profunda do cérebro
mais longe de todos aqueles agoras

volto aos acontecimentos
como se resgatasse um náufrago
também não consigo sentir suas mãos
agarradas a mim
como se eu pudesse te salvar
estico os braços
quase te encosto apesar da distância
o desejo nos faria levitar
se essas coisas existissem

a sensação é de te ter aqui
você me acordando de madrugada
não porque dorme ao lado
não sei sequer se você dorme
se pensa em mim ao menos
ao mesmo tempo em que penso em você
isso poderia ser o diálogo de um filme
assim poderíamos inventar esse pensamento
que não ocupa espaço algum
esse pensamento-pluma
com força para erguer um monumento
um móbile do Calder orbitando sobre nossas cabeças

pupilas

as sombras são mais bonitas que o normal
ou talvez eu preste mais atenção agora
tudo permanece no mesmo lugar
por isso os espaços são tão diferentes
tenho vontade de te escrever e não escrevo
é preciso domar as vontades reprimidas

a sombra das mãos é sempre maior que as mãos
a lembrança das mãos sobre o corpo é sempre maior
que as mãos que o corpo
poderia haver luz vindo de trás para que meus dedos
simulassem animais abrindo e fechando bocas
sem violência
vultos que poderiam ser nós
e não são

checo no espelho, fingindo arrumar o cabelo, o
tamanho das pupilas
elas crescem com novidades, interesse
as pupilas são a única parte visível do nosso sistema
nervoso
aumentam quando pensamos muito quando saímos
do oftalmologista quando usamos drogas ou quando
ficamos sexualmente excitados

minhas pupilas estão mínimas
como se fossem desaparecer dos olhos

a terra vista por um satélite é uma bolinha azulada
flutuando no fundo de um poço
com as pupilas é diferente
há um ponto negro que boia na íris colorida.

serão, amanhã cedo,
as sombras mesmo
tão bonitas quanto as imaginei?
um homem sorrindo de cabeça para baixo, uma luz
cintilando bem ali onde ficaria o coração

da mesma forma que as sensações vêm
elas passam
adormecem comigo
se reduzem a matéria de sonho,
esse nada

as pupilas voltam a pertencer aos olhos enquanto as
mãos vagam pela cama
sós

como escrever qualquer coisa agora
depois da conversão
depois de cruzar o limite
depois de parar

na ponta de uma falésia
onde se lê numa placa
cuidado não ultrapassar
não se deve ultrapassar
apesar da vontade só os olhos
podem chegar à dobra
sem despencar
pontes que avançam
mais que o corpo
mas não entram
duplicam o mundo
mas são estéreis
não sentem gosto não sugam não apalpam não têm
medo
reviram-se por reflexo
de um prazer de que não gozam
reconhecem a beleza mas não a conhecem no toque

ver é diferente de acreditar
o horizonte é um truque
a mente dribla a curiosidade
dos olhos
que jamais se juntam à paisagem
andam em par

em enorme solidão

não sei desenhar
mas se soubesse
só rabiscaria olhos
me tornaria especialista nas linhas imperfeitas
dos abismos reversos
à erupção
do seu rosto

daria quase para sentir calor
enquanto em algum lugar
uma lupa sob o sol
aponta para o papel
que eu deveria queimar

não escrever porque
escrever sobre qualquer coisa que realmente aconteceu
não deixa de ser
uma forma de inventá-la, desejá-la, projetá-la, atraí-la,
convocá-la
compactuar com ela

não sei pintar
mas se soubesse
só pincelaria cenas em que alguém
vai embora bruscamente
os buracos ocos no mangue
uma xícara de café frio

uma cadeira afastada
o gesto contrário perdido pelo corpo

toda minha obra
seria baseada
nas canetas largadas às pressas em Chernobyl
ainda assim eu continuaria
sem saber se as coisas
que deixamos para trás
fazem a falta
de uma estrela que cai, um casulo abandonado, um
pedaço de canino ou um fêmur

cataratas

minha avó diz que não sabe se vai sobreviver
logo ela que está acostumada a cruzar fronteiras
— não percorrer alguns poucos metros quadrados
logo ela que está acostumada a perder
os amigos
de vista
ela ainda pode ver o céu
enxergar o mar por uma pequena janela
tinge seus olhos de oceano
de cataratas, as lágrimas
a cegam por instantes
está cansada de fugir
do silêncio que pode ser rompido a qualquer momento
por uma bomba trovoando no céu
em silêncio morreram
seis milhões de judeus nos campos de extermínio
as ausências estão cheias de silêncio
tudo parece calmo

o amor também acaba assim

encore à cet astre

d'après Marcel Duchamp et Jules Laforgue

o que vimos no céu aquela noite
é algo que já não existe
não será por vezes o amor
uma dessas estrelas
que ainda brilham
mas já não estão lá?

o passado é uma terra estrangeira
cheia de territórios inóspitos
regiões por onde sobrevoamos
sem possibilidade de pouso
e a que nos referimos vagamente como
"é tarde demais"

como se reage àqueles momentos sublimes
parir uma pessoa, fazer o sexo da sua vida, dar uma
gargalhada que dura longos segundos, receber um
prêmio, uma notícia que muda toda a trajetória de uma
vida?
chora-se, perde-se a memória, o fôlego, faz-se um longo
silêncio, grita-se, paralisa-se, os pelos se eriçam?

coisas sagradas permanecem
leio na sua mensagem sem aspas, mas ainda assim ouço
as mesmas e sempre outras palavras
na voz sublime da Gal
então penso numa conversa que tive outro dia
alguém evoca a síndrome de Stendhal
uma reação corpórea que o autor francês teria
esboçado dentro da Basílica Santa Maria Croce
ao ver um daqueles monumentos renascentistas
isso seria alguma coisa um pouco banal e um pouco
sublime — componentes que coexistem na boa poesia
— para escrever num poema

penso nesses momentos mágicos
e na importância de reconhecê-los mágicos
a gente sabe que está vivendo ou vendo algo digno de
nota enquanto este algo está acontecendo
ou a gente só se dá conta em retrospecto

existe alguma importância em identificar o truque
enquanto ele está sendo performado?

não com a intenção de enfraquecer seu efeito
mas com a de saudar a magia

coisas sagradas permanecem
Gal continua cantando em loop na minha cabeça logo
antes
de eu entrar de quatro no banco de trás do carro
sua voz parece cada vez mais distante
como a memória antiga de uma história
tal qual aconteceu com outra pessoa
e talvez não seja verdade
uma fábula, a lenda de um povoado dizimado
penso nos amores dizimados
até então me lembrar da mágica
um bebê entregue nos meus braços
os batimentos que voltam a bipar na máquina da
senhora dois andares acima
a vida e o amor estão sempre começando
a vida e o amor podem terminar a qualquer momento
a vida e o amor pulsam enquanto escrevo
estas palavras nada sublimes

POSFÁCIO
Rubricar a vida que pulsa

Prisca Agustoni

Todo o resto é muito cedo, novo livro de Luiza Mussnich, se inicia com um poema cujo título, "rubrica", me parece indicativo do caminho que a obra percorre: se existem inúmeros significados ou usos desse termo, sua etimologia (do latim *rubrica; -ae*: tinta vermelha; lei) opera como fio condutor ao longo das páginas. De imediato, tinta vermelha evoca a noção de um texto escrito com sangue, numa espécie de pacto regido por leis de honra ou em tempos de guerra, e, de fato, no livro o tema da guerra e dos conflitos contemporâneos, coletivos ou individuais, é presença constante. No entanto, tinta vermelha também simboliza paixão, amor, aquilo que palpita e vibra – e, vale lembrar, corresponde à cor utilizada nas antigas incisões rupestres, indicando o desejo dos humanos de deixarem rastros e símbolos do encontro entre os mundos real e imaginário.

Luiza Mussnich retoma o fio antigo da necessidade humana da representação (como é possível ver no título do belíssimo poema "origem da representação") e nos conduz num universo poético em tensão, no qual Eros e Thanatos – dois deuses poderosos da mitologia grega – disputam a narrativa. Em especial, o amor e suas várias declinações se configura como o tema dominante do livro e atravessa quase todos os poemas, como uma faca que entra num corpo vibrante e disseca seus funcionamentos: alegria, medo, terror, paixão, loucura, leveza, tristeza, frustração, gravidade, ironia, desilusão, desamor.

O conflito e a guerra, também emergem nos poemas de Luiza, às vezes de forma explícita. Isso a vincula ao seu tempo histórico e às vozes contemporâneas da poesia brasileira, em especial a feminina, que vem costurando, de forma habilidosa, o universo da intimidade e o contexto coletivo, social.

Voltando ao poema de abertura, "rubrica": ele se estrutura como uma cena que se repete, ao modo de uma câmera lenta que se aproxima cada vez mais do seu sujeito. Por meio desse zoom, o poema procura capturar algo que nunca se define de maneira definitiva, permanecendo múltiplo e aberto a diversas interpretações. Sem final feliz.

É precisamente essa ideia de "falta de final feliz" uma característica marcante dos poemas, não só os mais irônicos (Luiza opera a ironia com precisão, calibrando-a em seu procedimento poético), mas também aqueles onde a aparente leveza da situação poderia induzir a imaginar algo mais promissor. A poeta parece encarar o amor (entendido como movimento, como forma de relação e interlocução com um "tu") no sentido de errância, adiamento, desvio ("um alvo do qual procuramos desviar"[1]). Nesse sentido, o poema "matagais" se encerra justamente com a imagem sugestiva do amor como sendo "esse

1 Ver p. 23.

adiamento contínuo/tartaruga sem destino/ rastejando pelo jardim desabitado."[2] Já no poema "loteria", em que a autora narra de forma resumida o começo de uma relação, com suas etapas de encontros e desencontros, tanto o título quanto o final indicam a natureza frágil e intermitente do amor, já que encerra afirmando "a vida inteira tentando esquecer".[3]

Há também os amores que fossilizaram e são lembrados pela rosa guardada num livro, ou o amor que sobra em caso de apocalipse. Em outro poema, sem título, a poeta reflete sobre o papel da memória, e pergunta (ao seu interlocutor, ao seu leitor):

> *você já prestou atenção*
> *que lembrar é de certa forma aproximar*
> *do esquecimento?*
> *lembrar é tornar algo cada vez mais*
> *distante do real.*[4]

Ora, se lembrar é afastar algo do real, o que se torna bem colado à realidade, bem aqui e agora, é o esquecido, o que se foi, o que não deixou marcas. Esse paradoxo está inscrito na tensão entre o desejo de totalidade do amor (Platão não é citado por acaso no livro) – o mesmo amor cuja função deveria ser, de acordo com um verso no livro,

2   Ver p. 20.

3   Ver p. 28.

4   Ver p. 67.

"ampliar o tamanho do mundo" – e o cotidiano que desgasta o lado sublime, mágico e misterioso da vida e da relação a dois, nessa eterna luta entre o transcendente e o encarnado. Às muitas perguntas sem respostas da poeta carioca Luiza Mussnich parece responder outro poeta carioca, Vinicius de Moraes, quando escreveu, sempre a propósito do amor, "que seja eterno enquanto dure." Um verso, esse, que soa mesmo como uma resposta cabível para várias das interrogações colocadas pela poeta e que ficam em aberto.

Apesar do paradoxo ser um elemento central do livro, inclusive pelo estilo nada repetitivo dos poemas, em termos de dicção poética e de dimensão, revelando ora tensão dramática, ora ironia, ora leveza, ora comoção, o que se torna evidente nesta obra é que o amor, para a poeta, se atualiza sempre na interlocução com um tu – seja esse o amado, o amante, o ex-amor, o marido, o leitor – e se configura num corpo. Um corpo que se torna o receptáculo mutante das emoções que nos atravessam, como lemos no belíssimo poema "sinais", ou o lugar ideal de observação e de fabricação do mistério. Mas o corpo é também receptáculo do mundo, do banal e do sublime que nos acontecem. Da vida em seu esplendor e da morte acenando, do individual e do coletivo, um corpo-mundo que sincroniza o pulsar da vida:

> *a vida e o amor estão sempre começando*
> *a vida e o amor podem terminar a qualquer momento*

a vida e o amor pulsam enquanto escrevo
estas palavras nada sublimes[5]

É justamente a partir do corpo que a poeta parece construir uma tentativa de definição daquilo que somos, daquilo que nos caracteriza como humanos, em contraposição às máquinas, aos dispositivos, aos autômatos, presenças quase fantasmagóricas que surgem em poemas como "impossível" ou "desinventar a paisagem".

O desejo do outro, a dor do luto, a tristeza, a fome, o amor: de tudo isso é possível registrar um mapeamento, como se se tratasse de um território atravessado pelo terremoto, conforme sugere uma das epígrafes gerais escolhidas pela autora, a da poeta Adelaide Ivánova: "O presente do terremoto é perder o medo das ruínas."

O que a poesia de Luiza Mussnich sugere neste livro, de fato, é a consciência das ruínas inerentes a qualquer relação amorosa, e não o medo da ruína. Isso talvez contribua para a impressão de maturidade poética que *todo o resto é muito cedo* imprime em nós, leitoras e leitores: estamos diante de uma voz consciente dos limites da matéria investigada – o amor, a vida, o cotidiano –, ciente dos instrumentos que pode e sabe utilizar para falar (e às vezes rir) desses limites. Como resultado, temos um conjunto de poemas que alterna leveza e espanto; desilusão e ironia; versos longos, narrativos, e versos quase epigráficos. Essa habilidade de cativar a leitora e o leitor reside no poder de

---

5   Ver p. 78.

identificação com um cotidiano que se assemelha ao de cada um de nós.

Interessante observar que mesmo em poemas em que o foco é a paisagem externa, como é o caso de "turismo", a atenção da poeta se volta irremediavelmente para esse "nós", quase como se fosse um território a ser escrutinado, não com os olhos aproximativos e apressados dos turistas, mas com o cuidado, a fome e a delicadeza de quem é "turista um do outro". Esse olhar busca constantemente conhecer a si mesmo, de forma febril, quase como se fosse movido pelo desespero – ainda que muitas vezes esse desespero existencial ou afetivo se apresente com uma dose de autoironia, e algumas vezes até com humor.

Ainda assim, algo dolorido ecoa na base desse processo amoroso e de autoconhecimento. Algo que carrega um sentimento de precariedade e de urgência, de instabilidade e, ao mesmo tempo, de intensidade, como é próprio ao *modus operandi* da paixão e, em definitivo, da vida: daí o título do livro, *todo o resto é muito cedo*.

O que há de mais central, urgente e radical do que o amor, a paixão e suas derivas? Todo o resto, de fato, pode esperar, parece nos dizer a poeta.

Antes de concluir, parece interessante refletir sobre o significado da persistência e da centralidade do amor ao longo do livro. Coloca-se, então, a questão, como fez Luiza Mussnich com sutileza e um olhar incisivo: o que essas indagações sem respostas sobre o amor nos revelam sobre nós mesmos e sobre a própria poeta?

Elas nos convidam a um diálogo constante com uma tradição lírica e com uma humanidade que, apesar das ruínas visíveis no horizonte, ainda sente uma fome instintiva de representar, de rubricar, de gravar. Mesmo que seja com tinta vermelha sobre papel branco, como nas antigas gravuras rupestres, esse desejo de criar um mundo pulsante persiste, para o qual "os lábios ainda são "receosos de palavras".[6]

Prisca Agustoni *é poeta e tradutora*

6 Ver p. 17.

Este livro foi editado pela Bazar do Tempo
na cidade de São Sebastião do Rio de Janeiro em agosto de 2024,
e impresso no papel Pólen Bold 70g/m², pela gráfica Rotaplan.
Foram usadas as tipografias Kuano e FreightDisp Pro.

1ª reimpressão, abril 2025